www.ingramcontent.com/pod-product-compliance
Lightning Source LLC
LaVergne TN
LVHW081542060526
838200LV00048B/2181
9781087812502